AF308820

LES Charlatans Noirs !

Par A.-H. MALOT

Préface de Maurice Allard

Député du Var

PRIX : **25** Centimes

Franco par la Poste : **30** cent.

DRAGUIGNAN

IMPRIMERIE OLIVIER-JOULIAN, PLACE CLAUDE-GAY, **4**

1903

Par A. H. HALOT

Au Citoyen Maurice ALLARD,

DÉPUTÉ DU VAR

LES

Charlatans Noirs !

A.-H. MALOT

« Pour atteindre à la vérité il
« faut une fois dans sa vie se défaire
« de toutes les opinions que l'on a
« reçues et reconstruire de nouveau
« et dès le fondement, tous les
« systèmes de ses connaissances. »

(DESCARTES).

PRÉFACE

Cher Citoyen Malot,

Vous avez voulu me dédier votre brochure « Les Charlatans Noirs », je vous en remercie, et j'accepte la dédicace.

L'homme, qui se dit et se croit libre, vit encore emprisonné dans un réseau de préjugés et de mensonges conventionnels. Vous inspirant de la belle pensée de Descartes, inscrite à la première page de votre ouvrage, vous avez résolu d'apporter votre contribution à l'œuvre de lumière qui dissipera bientôt le plus odieux et le plus tenace de ces mensonges conventionnels : le mensonge religieux.

Je ne saurais trop vous féliciter.

Mais, puisque vous m'avez mis ainsi en cause, je vous demanderai la permission d'aller jusqu'au bout de ma pensée. Dans le parti socialiste, on a toujours eu le courage de ses opinions. Et, s'il plaît à quelques républicains timorés de se retrancher dans un vague et hypocrite anticléricalisme, d'allure plutôt verbale, on doit nous rendre cette justice que nous marchons toujours tout droit à l'ennemi.

Cet ennemi, c'est non seulement l'église catholique, apostolique et romaine, mais aussi l'esprit religieux lui-même.

C'est le mysticisme, c'est la conception dualiste de l'Univers, c'est enfin l'idée de dieu, cette croyance irrationnelle et sans base des périodes enfantines et hallucinatoires traversées par les sociétés humaines évoluant vers la science et vers la civilisation.

Je ne connais rien de plus monstrueux que le spectacle de l'homme agenouillé devant un dieu, c'est-à-dire devant une propre création de son esprit, devant un fantôme qu'il a forgé de toutes pièces aux moments où sa raison encore chancelante ne savait distinguer le rêve de la réalité.

Il y a là un véritable cas d'hallucination morbide dont on s'étonne de retrouver encore les traces dans nombre de cervelles de nos contemporains. Et, malheureusement, cet état hallucinatoire devient extrêmement dangereux lorsqu'il se généralise, se systématise et se transforme en ce que nous appelons aujourd'hui : une religion.

Diderot ne se trompa pas sur le caractère de ce phénomène social. Il affirmait que les religions ne sont autre chose que des folies. Les socialistes partagent la manière de voir de cet illustre philosophe. Et c'est précisément parce que les religions sont des folies, c'est-à-dire une maladie, que nous voulons guérir les peuples qui en sont atteints.

Nous sommes en cela puissamment aidés par la nature et nous réussirons dans notre tâche, car, heureusement, comme le constatait encore Diderot, si les religions sont des folies, elles ne peuvent tenir contre l'impulsion constante de la nature, qui nous ramène sous ses lois.

N'est-il pas étonnant, en effet, que malgré la puissance de contagion des religions, malgré l'atavisme, malgré les efforts multipliés des prêtres de toutes les sectes, malgré l'abrutissement systématique répandu par les officines religieuses, malgré la pression des gouvernants liés à la fortune de l'Eglise, l'esprit humain ait continué — lentement, il est vrai — de progresser et de s'affranchir ?

C'est-que la nature, dans les maladies religieuses comme dans toutes les autres, poursuit son œuvre de rétablissement et de guérison. Aidée des puissants remèdes que nous lui apporterons, c'est elle qui finira par triompher et par débarrasser le cerveau humain des éléments morbides qui le font la proie du délire religieux.

Parmi ces remèdes nous classons, comme étant les meilleurs : la séparation des Eglises et de

IV

l'Etat, la suppression des congrégations religieuses, l'instauration dans toutes les écoles publiques, à tous les degrés de l'Enseignement, de cours critiques sur l'origine et l'évolution des religions considérées comme faits historiques.

Mais, comme les gouvernants nous ont refusé jusqu'à ce jour l'application de ces remèdes, nous n'avons en ce moment que notre propagande pour combattre le mal des religions.

Votre brochure est précisément une œuvre de propagande. A ce titre, elle sera bien accueillie par les militants de la Libre Pensée.

Flagellez « Les Charlatans Noirs », flagellez ces sorciers, flagellez ces ennemis de la Raison, qui, par un ensemble de mots, de gestes, de règles, de pratiques rituelles et d'habitudes religieuses, entretiennent la suggestion morbide dans laquelle s'hallucinent les débiles cerveaux humains.

« L'Etat, dit le philosophe Max Nordau, poursuit, devant les tribunaux, de vieilles femmes qui soutirent de l'argent aux servantes sous le prétexte de leur ramener le cœur volage de leur amoureux ; mais ce même Etat rétribue et honore des hommes qui soutirent de l'argent aux mêmes servantes sous le prétexte non moins fallacieux de délivrer du feu du Purgatoire, par des mômeries, leurs parents défunts ! La coutume veut qu'on traite avec respect et obéissance les ecclésiastiques, notamment les hauts dignitaires de l'Eglise, les évêques et les cardinaux ; à cette coutume se soumettent des hommes qui tiennent ces mêmes ecclésiastiques pour des fourbes ou des niais ne différant en rien des guérisseurs des Peaux-Rouges. On rit de ces derniers et l'on va baiser la mule du pape ou la main d'un prélat ! »

Tout cela n'est-il pas le plus odieux des mensonges ?

Les gouvernants mentent quand ils payent des prêtres à la mission divine desquels ils ne croient pas ; ils mentent quand ils entretiennent une ambassade auprès du vieillard imbécile qui, sous le nom de pape, vend des places au Paradis et prétend, au nom d'un dieu imaginaire, régenter les choses de la terre ; ils mentent quand ils affectent autant de respect pour le prêtre que pour le professeur ; ils mentent quand ils disent nécessaire pour le peuple une religion dont ils ont, pour leur propre compte, rejeté tous les dogmes.

Le mensonge religieux est partout. Il domine les sociétés modernes et les paralyse dans la voie du progrès.

« Au sein de notre civilisation, dit encore Max Nordau, continuent à exister de vieilles formes de culte, qui, en partie, remontent au monde primitif. C'est là un fait monstrueux, et la place que prend parmi nous le prêtre, l'équivalent européen du guérisseur d'Amérique et de l'almany d'Afrique, est un insolent triomphe de la lâcheté, de l'hypocrisie et de la paresse d'esprit sur la vérité et la fermeté des principes.

« Ce triomphe suffirait à lui seul, à caractériser notre civilisation actuelle comme absolument mensongère, nos formes politiques et sociales comme absolument impossibles à maintenir. »

Je m'arrête sur ces mots, car, je m'aperçois que j'ai déjà été trop long. Je voulais simplement, cher citoyen Malot, vous remercier d'une dédicace, et je vois que je me laisse entraîner, moi aussi, à écrire une brochure. On lira la vôtre, cher citoyen, et la clientèle des « Charlatans Noirs » diminuera.

Maurice ALLARD,

DÉPUTÉ DU VAR.

LES CHARLATANS NOIRS [1]

I.

Je destine ces lignes aux militants, à ceux qui ont besoin de notions simples, d'aperçus peu compliqués pour faire pénétrer dans la masse des travailleurs les premiers germes de la Libre Pensée.

Elles sont écrites sans prétention avec l'espoir qu'elles trouveront leur utilité par l'emploi qu'en pourront faire ceux qui débutent dans la propagande anti-cléricale.

A notre époque de libre discussion, il est du devoir de tout citoyen de défendre et de propager ses idées, lorsqu'il est profondément convaincu de leur justesse.

Il nous convient de dresser, en face des dogmes étroits du cléricalisme, les principes supérieurs de la science et du libre examen.

Il est indispensable de soutenir les groupes rationalistes, d'en créer là où il n'en existe pas et d'étendre l'action de ceux déjà formés.

La réaction cléricale a besoin d'être sérieusement combattue. Si un premier succès a couronné nos efforts, il nous est interdit de désarmer car le monstre a la vie dure et le venin mauvais.

Il est capable de s'incliner, de ramper afin de surprendre quelque jour notre confiance et mieux nous étouffer.

Nous devons réclamer sans cesse et obtenir la séparation des Eglises et de l'Etat. Il est temps que cette formule ne soit plus l'ornement d'un programme électoral. Le peuple s'étonne que ses représentants ne trouvent jamais l'heure convenable pour faire aboutir cette réforme qu'il attend, avec tant d'autres, depuis si longtemps.

Le jour où les pratiquants devront verser à leurs officiants les millions que l'Etat leur aura retirés, ce jour là, et ce jour là seulement, le cléricalisme sera mortellement atteint.

La suppression de l'ambassade au Vatican s'effectuera d'elle-même et le monde républicain, par ces mesures énergiques, aura soustrait à l'église ses deux forces prépondérantes : le prestige et l'argent.

Le gouvernement a entrepris une œuvre de salubrité publique. Par le concours de notre plume et de notre parole il nous appartient de le pousser dans la bonne voie où il s'est *enfin* engagé.

La France ne sera tranquille, réellement prospère, que le jour où nous verrons disparaître ces êtres inutiles, nuisibles, qui sont la négation la plus absolue de tout esprit de progrès.

Nos adversaires nous accusent de porter atteinte à la liberté ! Nous acceptons toutes les libertés, mais nous ne tolérons pas la leur qui consiste à étouffer celle des autres. Ils revendiquent le privilège de prendre l'enfant au berceau, d'atrophier son cerveau, d'en faire un être à part auquel ils auront inculqué leurs principes d'hypocrisie et de haine.

Cette liberté, la République ne veut plus la leur laisser. Elle désire que l'enfant ait devant lui des horizons nouveaux, largement ouverts, sur lesquels la justice, la science, la solidarité jetteront leurs impérissables lumières

Certes. ils ont le droit de parler de liberté ceux qui, depuis la naissance de leur dieu, n'ont rêvé que toute-puissance et domination.

Ils ont trafiqué de tout. Ils ont imaginé pour leurs adversaires les supplices les plus raffinés ; ils ont organisé la Saint-Barthélemy, ils ont élevé des échafauds, creusé des tombes, et c'est par le mensonge et par l'erreur qu'ils ont voulu gouverner le monde. Ils n'ont pas vu, dans le ciel obscurci par la fumée de leurs bûchers, une étoile qui jamais n'a voulu disparaître. Ils ne se sont pas aperçus qu'aux jours les plus sombres, elle avait un éclat plus éblouissant. C'est que cet astre qui, à chaque heure, grandissait en force et en lumière, était l'image de la Libre Pensée.

Citoyens ! l'heure est venue, où chacun sur notre sol de France, doit avoir place égale au soleil de la liberté et ceux qui furent jadis les maîtres, les tyrans, ne hurlent que parcequ'ils vont devenir nos égaux.

Nous ne leur réservons ni outrages, ni supplices, mais nous exigeons que, comme tous les autres hommes, ils se courbent devant les lois.

II.

Chaque libre penseur doit donner à la cause que nous défendons toute son attention et ses encouragements. Bien plus, dans sa sphère, il doit s'efforcer de répandre les idées saines que nous propageons en public.

La famille doit être notre première préoccupation.

Ce qu'il faut répudier tout d'abord c'est l'idée de violence : la brutalité n'est pas un argument. Une affirmation osée, sans preuves à l'appui, peut être habile sur le moment ; elle n'aidera pas dans l'avenir, au contraire, à la solidité de l'édifice moral que nous voulons élever.

C'est par la discussion, par un raisonnement sérieux que nous arriverons à faire des adeptes. Ceux-là seront des convaincus ; ils viendront grossir la phalange des militants et, s'étant prononcés en toute connaissance de cause, en toute indépendance, rien ne pourra plus ébranler leur foi dans le libre examen.

Nous rencontrerons parfois d'énergiques résistances dans nos familles mêmes. Ne brusquons pas les choses, l'important est d'arriver à un bon résultat.

L'enfant se rendra compte des inepties aussi bien qu'une grande personne si nous savons les lui faire saisir. Mettons-nous à portée de sa jeune intelligence, et facilement il nous suivra, de déduction en déduction, jusqu'à la finale que nous voulons qu'il comprenne et garde dans son cerveau.

L'esprit des petits est plus facilement frappé par des images saisissantes. Qu'a fait l'Eglise ?

Elle a forgé un tas d'histoires à dormir debout mais qui, par leur abracadabrante fantaisie, retiennent l'attention des enfants.

C'est Josué. arrêtant le soleil !

L'enfant croit ; mais, si nous lui expliquons que malgré les progrès faits par les exercices physiques en ces dernières années, l'athlète capable d'exécuter un pareil tour de force est encore à créer, il sera le premier à rire de la bêtise qu'on voulait lui faire avaler. L'histoire sainte continue par *Jonas et sa baleine.*

Ce mammifère marin conserva l'intrus pendant un certain temps et le rejeta quand il en eut assez.

Les savants nous ont appris que la baleine ne se nourrissait que de poissons. A moins que le contact de l'eau salée ait fait pousser des nageoires à Jonas, nous nous représentons difficilement une baleine prenant cet individu pour un maquereau ou pour une sardine.

D'autres exemples stupides, ou expliqués depuis par la science seraient à citer.

Nous nous contenterons de cette dernière élucubration : *Dieu fit sortir la première femme de la côte d'Adam !*

L'homme est créateur par la côte ! Adam aurait dû nous laisser la manière de s'y prendre, afin que, de temps en temps, nous puissions éviter au sexe faible, les souffrances de la procréation.

Il le crée dans la force de l'âge, il apparaît brusquement jouissant de toutes les facultés. Cela n'est pas admissible, il ne suffit pas d'affirmer, il faut prouver.

D'après le système catholique il y aurait unité de race dans l'univers, cela nous ne le croyons pas. L'Amérique ne fut découverte qu'en 1492 et il est inadmissible que si des tribus anciennes étaient allées se fixer sur le nouveau continent ou vice-versa, d'autres n'aient pas suivi. Il est vrai que pour expliquer cette émigration et ensuite son complet isolement pendant des siècles, l'Eglise, avec M. de Humboldt, imagine l'existence de l'Atlantide ensevelie sous les eaux, brusquement, en un jour et une nuit par un tremblement de terre !

Ces palinodies sont bonnes pour les esprits simples. Combattons cette sotte éducation chez les enfants et nous en ferons, dès l'âge de raison, de charmants libres penseurs.

Sur des questions délicates, là où souvent les affirmations religieuses tombent d'elles-mêmes tant elles sont stupides, il nous est interdit de nous appesantir ; il faut croire et, comme le disait un de nos amis, croire parce que c'est absurde.

La religion catholique n'est basée que sur des faits irrationnels ; la théologie ne soutient que le surnaturel, alors que la science, pour toutes ses démonstrations, s'appuie sur des données essentiellement naturelles.

La libre pensée recherche des adeptes ; elle les veut instruits ; elle accepte, recherche toutes les discussions ; ce n'est qu'après examen et à la suite d'études sérieuses que l'on est vraiment libre penseur.

Pour expliquer l'apparition et l'œuvre de Christ, le pape Léon XIII faisait dire par son représentant au congrès eucharistique de 1902 « qu'à ce moment « il y avait eu suspension de toutes les lois de la « nature ».

Et voilà leur explication !

Comme l'église prétend que le fils de Marie n'est pas né comme tout le monde : *il y eut suspension de toutes les lois de la nature*. Ce serait sublime si ce n'était grotesque car la science a prouvé, au contraire, la constance de ces mêmes lois.

M. Vacherot dont le savoir, l'érudition sont incontestables a affirmé, prouvé que la nature a, en elle-même son principe de mouvement et de changement ; elle est la cause de tous ses effets.

M. Mariette, directeur du musée du Caire, déchiffra dans les fouilles faites à Memphis de nombreuses inscriptions qui lui permirent d'établir que la première dynastie de l'Egypte remontait au moins à 5.000 ans avant Jésus-Christ. Dieu mit donc une réflexion profonde a la conception du Messie puisqu'il ne le fit divinement éclore qu'après un nombre incalculable d'années et le pigeon qu'il délégua à cet effet n'était pas trop abîmé si l'on en juge par le spécimen intelligent et fort qu'il offrit au monde.

Certes, il y eut jadis un homme studieux qui pendant dix ans s'exila dans l'Inde, étudia les pratiques de diverses peuplades, s'instruisit de choses inconnues dans son pays et revint avec le prestige qu'un savant pouvait avoir sur des ignorants. Il était Christ ; mais ce nom même il l'avait rapporté de la-bas. Les savants n'ont ils pas prouvé, grâce à des documents anciens reconstitués, que, bien avant l'arrivée du patron catholique, il vécut dans l'Inde un Christos qui possédait aussi sa sainte trinité : le soleil, l'eau et le vent.

Jésus élabora la sienne sur ce modèle mais d'une façon plus personnelle, il eut : le Père, le Fils et.... le Saint-Esprit.

Il avait étudié une science, répandue dans ces régions lointaines et totalement ignorée chez lui : l'hypnotisme.

A son retour il fit ces miracles qui réussissent aujourd'hui avec un peu de lecture et de pratique. Il endormit Lazare, le prétendit mort et le ressuscita.

Aujourd'hui, un homme reste tranquille davantage encore, devons-nous en conclure que l'opérateur est le Tout-Puissant, fils de Dieu ? — Non, n'est-ce pas.

Nous disons : C'est un habile homme, — Jésus n'était pas autre chose.

Pour le clergé il est le parfait ordonnateur. Mais le parfait ordonnateur, n'est pas seulement celui qui crée, c'est aussi celui qui prévoit et dirige. A quoi lui servirait sa puissance si elle ne lui permettait pas d'éviter des catastrophes comme celles d'Herculanum ou de la Martinique ! Pourquoi prend-il la mère à l'enfant au berceau ?

Non, il n'est pas le parfait ordonnateur puisqu'il ne peut empêcher les infamies et les iniquités S'il était la cause initiale, il eût dû rester le maître des effets ; il ne l'est pas. Si l'Eglise s'obstine à le considérer comme tel nous venons de voir, par les malheurs qui ont accablé l'humanité, qu'il n'est pas le dieu infiniment bon, infiniment charitable.

Ses représentants affirment qu'ils ont hérité, en partie, de ses pouvoirs. C'est pour l'honorer que sur leurs autels ils ont égorgé des brébis ; c'est pour sa sainte gloire, que dans leurs temples, ils ont ouvert la poitrine des enfants pour y chercher le cœur et l'offrir à la divinité.

C'est pour lui qu'ils ont organisé toutes sortes de supercheries, qu'ils ont créé cette gigantesque comédie qui s'appele le pèlerinage de Lourdes.

Tout est bénéfice pour les curés. Zola, ce sublime éducateur des foules, nous a laissé d'immortelles descriptions des actes qui se passent à l'abri de la chapelle de l'Immaculée-Conception.

C'est le royaume de l'hypnotisme et ne savons-nous pas que l'hypnotisme est le groupe de phénomènes nerveux qui se produisent chez un individu soumis à divers procédés dont le résultat est de paralyser certaines régions du cerveau et d'en exciter d'autres.

L'Eglise frappe l'esprit du croyant en lui rappelant les apparitions fantastiques et fantaisistes de la Vierge ou de Saint-Joseph. Le cas de ces fanatiques finit par relever de la médecine. Ils n'ont qu'une idée : voir la Vierge de Lourdes et, à force de songer à cette apparition, il en est qui finissent par affirmer qu'ils l'ont entrevue, s'envolant vers les cieux !

On les conduit à la piscine, on les exhorte, on les harcèle, on en fait des êtres incomplets, des *sujets* sur lesquels le prêtre expérimente et cela s'appelle de l'auto-suggestion.

Ces miracles sont indignes et suffiraient à déshonorer la divinité !

Pourquoi Dieu ferait-il un miracle ? — Pour venir à bout d'un certain dessein sur quelques êtres vivants ! Il n'a pu parvenir à son but par la création de l'univers, par ses décrets divins, alors il change ses lois immuables pour tacher d'exécuter ce qu'il n'a pu faire par elles ? Ce serait ainsi un aveu de sa faiblesse et non une preuve de sa puissance.

On voit des pèlerins partir là-bas chercher des remèdes à leurs maux. Parfois ces fidèles en Jésus-Christ sont victimes d'accidents de chemin de fer, tout comme de simples particuliers ; pourtant Dieu qui voit tout, veillait sur eux !

L'Eglise affirme que ceux-là étaient les élus, qu'ils vont s'asseoir à la droite du père (où, sans doute, on est mieux qu'à la gauche) ; elle prêche l'éternelle résignation.

Perdez un être aimé, bénissez le Seigneur, il l'aimait trop et l'a rappelé près de lui. Dans le malheur, soyez résignés, c'est Dieu qui vous éprouve !

La sociologie, au contraire, nous dit : « Soyez « courageux, réagissez, ne vous laissez pas abattre, « étudiez, luttez, le triomphe définitif, la consolation « couronnent, les efforts de ceux qui ne déses- « pèrent jamais. »

Travail ! Amour ! Voilà ce que chante la Raison. L'Eglise considère l'amour comme un crime. C'est pourtant le sentiment le plus doux, le plus beau de la vie.

Tous les chefs-d'œuvre : peinture, sculpture, poésie ont été engendrés dans l'amour et par l'amour.

De quelle énergie ne se sent-on pas envahi, lorsque, près de soi, on a l'affection, la confiance, les encouragements d'un être chéri.

Cependant, lorsque votre compagne donnera le jour au petit bambin qui sera votre joie, votre orgueil ; dont vous protègerez les premiers pas et qui, plus tard consolidera les vôtres, et bien, si vous en croyez l'Eglise il faudra purifier sa naissance et, pour cela, cette jeune tête aura besoin de faire la grimace sous un peu d'eau salée !

Ces pratiques sont encore trop nombreuses. Dans

certaines circonstances, pour des convenances de famille on est parfois obligé de céder.

Cédons le moins possible. Soyons fermes, soyons logiques et nous serons forts !

III

L'Eglise appuie son autorité sur des principes des plus discutables, entre autres l'infaillibilité de ses chefs ; cette prétention fait sourire les hommes senses Le dogme de l'infaillibilité pontificale fut proclamé par Pie IX, qui, oubliant l'indignité de certains de ses prédécesseurs. ne vit, dans ce nouveau décret qu'un moyen d'augmenter sa toute-puissance aux yeux des catholiques indifférents.

En 1682, Bossuet fit, au nom du clergé de France une déclaration dans laquelle, tout en reconnaissant l'infaillibilité du pape, il annonça qu'elle s'étendait a tout le corps épiscopal.

La fantaisie dépasse évidemment les bornes !

Un individu se fait prêtre ; par ses dévotions, ses quêtes, ses versements au denier de St-Pierre, il gravit les échelons de la hiérarchie ecclésiastique et atteint le cardinalat.

Si le souverain du Vatican lui laisse la place, aussitôt, il jouit du grand privilège. Il a la mître, donc il ne se trompe plus. Ses dires ne se discutent pas, aussi absurdes qu'ils puissent être, aussi étranges qu'ils paraissent aux peuples auxquels ils sont destinés ; ils sont chose sainte, sacrée, qui s'avale sans observation.

Le titre de pape donne la souveraine vertu. Qu'est-ce que le pape ?

C'est un chef élu par des hommes plus ou moins sensés, plus ou moins vendus. Leur choix s'est porté souvent sur des candidats indignes. qui. s'ils avaient l'infaillibilité, possédaient avec elle, les vices qui déshonorent et placent l'homme plus bas que la bête immonde.

La sedia gestatoria fut foulée par des malandrins. Les faits suivants que j'emprunte à l'histoire, afin que nul n'en puisse contester la véracité, prouveront surabondamment que, lorsque le chef est pourri. il est permis de douter de l'honneur de ses subordonnés

Qu'a fait Benoît XII ? Il a eu, comme tous les hommes le désir charnel. Il en a été dévoré.

Comprenant que la lutte était impossible, que son vœu de chasteté devenait lettre morte il eût dû quitter sa résidence et laisser le palais des papes dans le calme et le recueillement.

Cette décision. il ne l'a pas prise, *il n'a pas voulu la prendre.*

Il a préféré profiter des bonnes fortunes que lui donnaient ses titres et sa certitude de l'impunité. Les voûtes du Saint lieu ont retenti du cri des vierges violées, des plaintes des mignons souillés et meurtris.

Il fit comparaître Pétrarque devant un tribunal,

comme hérétique, parce qu'il n'avait pas voulu lui livrer sa sœur, la belle Selvaggia.

Le poëte s'enfuit, mais son frère, pour quelques pièces d'or conduisit la jeune fille à Benoît XII qui la couvrit de ses étreintes infâmes. Elle n'avait pas tout à fait 16 ans; combien subirent ce martyre !

En 1348, six ans après la disparition de Benoît XII le pape Clément VI acheta Avignon à la maison de Provence. Les papes furent ainsi les maîtres absolus puisque, dès lors, la ville devint propriété de l'Eglise ; ce n'est qu'en 1791 qu'elle fut rendue à la France.

Boniface IX mourut en 1404 dans le lit qu'il partageait avec une courtisane et sa fin, en termes tragiques et répugnants. nous est contée par Antoine de Palerme, historien que l'Eglise honore et réclame. Donc, c'est un des leurs, un saint. qui apporte à notre cause l'appui de son verbe vengeur.

Dans nos affirmations, rien n'est laissé à l'imagination.

C'est par ses propres ?! cardinaux qui trouvèrent la mesure comble que fut jugé Grégoire XII (1406-1415) comme inceste avec sa sœur.

C'est par ses prêtres que fut proclamée la honte de Balthazar Cossa qui pratiquait la sodomie sur une grande échelle et poussait la perversité à un point qui ne se peut décrire.

La liste est longue de ces chefs de l'Eglise qui furent des criminels et des Satyres !

Ce sont eux qui ont conservé et transmis pieusement les saintes maximes du Dieu de l'Ecriture ! Ce sont eux qui ont excommunié les penseurs et les érudits ! Ce sont eux qui se sont vautrés dans le sang et dans la boue ; qui ont présenté au monde, étonné de tant d'aplomb et d'infamie, les articles de la foi et de la vertu.

Ils étaient incestes, sodomites, ils enseignaient la chasteté ! Ils étaient repus, ils recommandaient l'abstinence ! Ils étaient des bandits qui prônaient l'honnêteté ! Ils étaient des individus abjects, des êtres infâmes qui ordonnaient aux autres d'être bons, justes, charitables, alors que dans leurs bouges honteux, ils violaient les filles, souillaient les enfants et martyrisaient les vieillards.

Quand on a vu des évènements semblables se succéder, il est permis de douter de la puissance du très-haut !

C'est au moment où ces actes odieux se perpétraient qu'elle eût dû apparaître et ne pas tolérer une minute que le chef. que les chefs de l'Eglise catholique fissent dans le temple chrétien d'aussi indignes saturnales.

La toute-puissance divine était alors ce qu'elle est aujourd'hui : un mythe ; il n'existait que la faiblesse humaine exploitée par des moines encanaillés et adroits.

IV

C'est à l'abri du confessionnal que le prêtre reçoit les aveux des pénitents. — Il est dans l'ombre, il est le mystère ! — Il est l'envoyé du maître qui pardonne et absout. Il écoute, interroge, torture les imaginations, les pervertit même.

Aux enfants qui s'accusent d'avoir copié une composition ou de s'être emparé des billes d'un camarade, l'ensoutané demande si dans la famille, il n'y a pas une cousine jeune et gentille avec laquelle on s'amuse.

Si l'enfant (à 10 ou 12 ans, on peut être surpris de pareille demande) s'étonne et ne répond pas, l'inquisiteur insiste.

Il décrit avec complaisance les phases des plaisirs qu'un adolescent peut rencontrer près d'une fillette, il parle d'attouchements en homme instruit sur ces matières. Il se fait dans le vice l'éducateur d'un enfant jusqu'alors innocent.

Il défriche, sème les idées mauvaises.

Si le petit pénitent avoue une de ces fautes anodines qui ont, dans notre souvenir, laissé des traces charmantes ; s'il confesse avoir volé un baiser sur la joue fraîche d'une mignonne amie, mais s'être borné là dans ses entreprises, le prêtre aussitôt lui décrit la pente fatale qui mène à la perdition.

Que ce soit fille ou garçon les explications ne

varient pas, les descriptions obscènes sont les mêmes.

Le pénitent a-t-il gravi tous les échelons du mal ? il est morigéné avec des paroles à double sens et finalement pardonné au nom du dieu infiniment aimable

Il a renseigné le prêtre, donc il est pur ! Il a avoué à un homme revêtu d'une robe noire une faute extraordinaire, il ressort de la guérite aussi innocent que quiconque, plus même, car il a le pardon de Dieu tandis que nous autres, qui avons la conscience nette et tranquille nous ne nous sommes pas entretenus avec lui.

Aux innocents, les confesseurs enseignent le mal en le leur décrivant ; aux pervertis ils apprennent que pour avoir le calme ils n'ont qu'à avouer le délit commis.

Plus tard, quand les enfants grandiront les ensoutanes agiront de la même façon. Lorsque la jeune fille deviendra femme, ils la poursuivront de demandes obscènes ; ils fouilleront dans ses souvenirs pour avoir des éléments sur ses relations avec son mari ; ils lui enseigneront au juste la position qui lui doit convenir.

Ils sont les représentants du Dieu qui si intimement connut Marie et dont les disciples établirent ces diaconales considérablement revues et augmentées.

Dans les séminaires, c'est à ces leçons qu'il y a le plus d'attention. On y parle de tout avec des

expressions triviales; le jeune prêtre est tout oreilles; on lui enseigne, avec les écrits à l'appui, qu'il doit s'occuper si, sous les caresses de son mari, l'ardeur d'une épouse est violente ou tempérée, etc., etc.

Plus tard le séminariste pourra répéter ce questionnaire aux pénitentes, à l'ombre de la sainte guérite; les livres sacrés le lui permettent, *le lui commandent*.

A St-Sulpice, comme ailleurs, ces pages ne lui ont été communiquées que pour en faire le meilleur usage : contribuer a la perversion afin que le rôle de l'Eglise paraisse plus noble, plus grand puisqu'elle aura à relever plus d'âmes repentantes et déchues!

O morale infernale ! c'est l'homme de dieu qui demeure le plus fort en connaissances scélérales !

Pères et mères de famille, gardez vos enfants ! époux, éloignez vos femmes de la sainte table. Si vous voulez conserver purs ces jeunes esprits, si vous désirez posséder l'épouse droite et bonne ne les confiez pas aux hommes noirs !

Il y a parmi eux trop de flamidiens pour que ces loups affamés ne choisissent pas quelques brebis dans le troupeau.

Dès que l'un d'eux succombe sous la poussée du sens génésique tout est mis en œuvre pour l'innocenter et le sauver.

Des exemples de leur mauvaise foi fourmillent ; un seul suffira pour la démontrer absolue. Il est récent.

Le 3 novembre 1902, dans une ville du midi, le

greffier du tribunal lisait l'acte d'accusation dressé contre l'abbé D... vicaire de la paroisse, politicien remuant et... trop connu.

L'inculpé avait à répondre d'une douzaine d'attentats à la pudeur relevés à sa charge depuis l'année 1898.

Les débats eurent lieu à huis clos ; l'accusé bénéficia d'un acquittement par minorité de faveur. C'est dire que si en droit il fut absout, en fait il fut condamné puisque, pour flétrir ses actes il y avait eu autant de voix que pour les pardonner et que toutes les influences avaient été mises en jeu pour obtenir du jury le meilleur résultat

Et bien, le lendemain, les journaux religieux, les feuilles politiques de sa nuance, affirmèrent qu'il avait été acquitté à *l'unanimité* et que des applaudissements avaient accueilli la sentence.

Il avait été reconduit chez lui, tout simplement sous les huées d'une population indignée qui comprenait que le verdict avait été rendu en considération de l'honorable famille du prévenu.

Voilà comment l'Eglise travestit la vérité et comment elle prétend innocenter, non pas ceux qui ont déshonoré la bande, mais ceux qui ont eu la sottise de se laisser pincer.

Cet abbé dirigeait un patronage, il était le confesseur de tous les enfants de la ville : il avait le choix. Il était doucereux avec les parents ; les mères ne voulaient que lui pour leurs petits ; les pères, aujourd'hui, regrettent leur égarement.

Qui donne au prêtre ce pouvoir de l'absolution ? — Il leur vient de Dieu. N'est-ce pas suffisant ? Chiffonnier aujourd'hui, prêtre demain et la soutane apporte tous les pouvoirs, toutes les vertus.

Un camarade avec lequel on a fait mille folies de jeunesse se prend d'un beau zèle pour les choses célestes. Il entre dans les ordres. Je comprends facilement le doute de l'ami qui ira lui demander l'absolution pour des fredaines qui n'auront pas dépassé les siennes.

La confession reste l'arme redoutable. C'est par elle que l'Eglise pénètre les secrets des familles, sème la désunion, la haine, pèse sur l'esprit des faibles et des timorés.

Par la confiance mise en leurs vertus?! les prêtres arrivent à faire donner la forte somme qui va au denier de St-Pierre ou au leur.

La conduite de l'abbé Rozemberg, un émule de Mandrin, vient à l'appui de nos affirmations.

Dans cette vaste escroquerie religieuse, Rozemberg a des abbés qui sont ses rabatteurs. Il rompt les mariages, fait des faux mais conserve de beaux billets bleus : comme ses confrères il a la manie des petits papiers.

Il possède des relations puissantes, confesse les marquises, les duchesses, fait danser leurs écus, se gausse à leurs dépens et s'éclipse à l'étranger au moment de payer la note.

Pour quelques faits connus et punis combien d'actions dégoûtantes restent inavouées. Le public devine, apprend les frasques religieuses. Les fervents doutent un peu, les indifférents disent : « telle mère n'avait qu'à surveiller sa fille et tel père son garçon ! »

Mettons le public en garde contre cette comédie de la confession.

Au criminel elle apporte le repos et le blanc-seing pour recommencer ses attentats. Qu'importent les maux, les douleurs du prochain si Christ dans sa miséricorde divine, apporte l'absolution. Le prêtre la demande, le grand maître réfléchit sans doute ! puis accorde la faveur réclamée. Cela se fait très rapidement, c'est encore un des mystères de la télégraphie sans fil !

Si nous voulons posséder toutes les joies saines, nous ne devons pas introduire à notre foyer cet oiseau de mauvais augure, ni lui conduire nos femmes et nos enfants.

Il n'a qu'une idée, qu'un rêve : diviser pour régner, affaiblir les autres pour se grandir lui-même, bâtir sur les ruines qu'il aura amoncelées, sa fortune et sa suprématie.

V

J'ai dit au début de cette brochure que je ne l'avais entreprise que pour la propagande. Ces pages toutes de vérités, sont destinées aux travailleurs, aux courageux qui désirent répandre la bonne parole et posséder quelques indications pour mettre en éveil les idées rationalistes.

Après avoir parlé de certaines pratiques religieuses, qu'il me soit permis de jeter un coup d'œil sur les procédés et les prétentions du clergé.

La richesse est le levier par excellence.

L'Eglise qui, de gré ou de force voulut dominer, a eu constamment besoin d'argent.

Pour s'en procurer, elle a fondé toutes sortes d'entreprises, créé des modes de saints comme il existe des modes de robes et de chapeaux. La vogue, en ce moment est à Saint-Antoine-de-Padoue. *Avec une offrande*, nous retrouvons, paraît-il, tout ce que vous avons perdu. Une pièce d'argent ou d'or dans un tronc, la description de l'objet égaré dans un autre et le résultat ne traîne pas. S'il se fait trop attendre, c'est que le saint est, en ce moment, très occupé et il ne vous reste qu'à patienter... ou à entreprendre vous-même les recherches, ce qui est infiniment plus pratique.

Les religieuses ont puissamment aidé le clergé. Elles quêtent à domicile pour des œuvres quelconques. Un jour pour les écoles, le lendemain pour les hospices, les pauvres, etc. Elles s'adjoignent des quêteuses civiles, intrigantes qui perçoivent un tant pour cent sur les sommes recueillies. Le partage se fait ensuite sous la bienveillante présidence d'un curé ou d'un évêque in-partibus.

Des établissements ont été créés, dans lesquels se pratique la véritable traite des blanches. C'est du socialisme chrétien !

On recueille de malheureuses gamines ; l'instruction consiste à bien tenir une aiguille pendant 15 ou 16 heures chaque jour et à ourler très vite.

Les orphelinats écoulent leur lingerie à vil prix dans les grands magasins et obtiennent de gros bénéfices cependant, car ils ne payent pas leurs ouvrières.

La nourriture est insuffisante pour ces pauvres filles ; elles sont vêtues plus que simplement et, comme des forçats, elles peinent du matin au soir sans la vision de la plus infime récompense.

A la sortie de l'atelier, elles ne rencontreront ni le sourire d'une mère, ni les plaisirs de la jeunesse. Après la maigre pitance, rentrées dans le froid dortoir, elles ne posséderont que la certitude de recommencer le lendemain une tâche ingrate et infernale.

Avec leurs productions les grands magasins ruinent les petits ; les ouvrières qui travaillent, indépendantes, ne peuvent se suffire parce que les patrons baissent constamment la main d'œuvre.

Ainsi procèdent les religieuses du Bon-Pasteur, blamées même par un évêque. M Turinaz N'est-il pas écœurant de voir des fillettes entrer dans ces maisons à dix ou douze ans, en sortir à leur majorité avec quelques francs pour tout avoir. Les bonnes dames s'en sont servies, les ont tuées au travail, elles tombent anémiées sur le pavé, sans forces pour reprendre la lutte et, devant les difficultés de l'existence elles roulent au ruisseau et grossissent la phalange des malheureuses qui se vendent *pour vivre* !

Les couvents qui ont débuté simplement, possèdent aujourd'hui, grâce a cette scandaleuse exploitation, des fortunes colossales.

Sous prétexte de secourir l'infortune des orphelins, on en fait d'admirables machines de rapport.

Les souffrances des petits n'entrent pas en ligne de compte. Ils ne font qu'apporter leur dévoûment à la grande œuvre de relèvement de la foi catholique !

Pauvres êtres de misères et d'abandon ! loin de toute consolation, ils se minent sous les yeux de gardiens vigilants qui cachent sous une apparente bonhomie, une étonnante sévérité

C'est l'hypocrisie dans toute son ampleur, sous toutes ses formes.

Le mensonge du reste est excusé par la prêtraille, lorsque sa raison d'être est puisée dans un intérêt supérieur !!

Le vol même n'est pas un péché mortel: Si l'on a pris peu à plusieurs personnes pour se faire un tout considérable. La restitution peut être différée, inadmissible, si le voleur pense qu'avec l'argent rendu, le volé pourrait faire usage néfaste.

Emparez-vous d'une fortune ; si la morale naturelle vous ordonne de rendre ce qui ne vous appartient pas, la morale cléricale vous autorise à le conserver. Pour cela vous n'avez qu'a supposer que l'individu lésé pourrait s'acheter trop de friandises et ruiner sa santé !

Il y a des accords touchants avec la conscience et mentir n'est pas faute si l'on sous entend : » avant d'être né ».

N'avons-nous pas vu lors du faux Henry (affaire Dreyfus) s'élever en faveur du colonel infâme, la voix des plus ardents catholiques. Cet homme ! avait commis le crime de forfaiture, jeté dans la balance une pièce qui suffisait à faire tomber la tête d'un de ses semblables, il s'était moqué de la justice de son pays, il avait menti à ses supérieurs, menti aux juges !

Alors que la découverte de ce faux jetait un jour nouveau sur cette sombre tragédie, un écrivain catholique éminent, un maître de la plume, Charles Maurras, trouvait cette invraisemblable mais intelligente explication. « Le colonel Henry a menti pour sauver son pays ! » Cette phrase, colportée dans toutes les Croix, faisait du bandit un héros, du faussaire un martyr !

Nous avons assisté à ce spectacle étonnant : des fonds recueillis pour dresser une statue à un officier qui avait prétendu élever le mensonge à la hauteur d'une vertu... chrétienne !

Le père Dulac et tous les bons frères furent les chantres du disparu, qui, se rendant compte de son abominable forfait avait eu le courage ? de se dérober aux suites judiciaires que comportait sa vilaine action.

Les moyens à employer sont indifférents aux ensoutanés pourvu qu'ils aboutissent. Sous prétexte de bonnes œuvres, ils doivent pénétrer dans les familles, s'emparer de l'esprit de tous, recruter des adeptes et... des capitaux.

Ils s'agenouillent aux chevets des moribonds, vantent la grande œuvre de réhabilitation entreprise par le clergé. Ils attendrissent les mourants, leur font signer des legs importants et dépouillent à leur profit les héritiers naturels.

Ils ont une politique, une politique romaine. Ils sont chez nous les véritables agents de l'Etranger : du Pape.

En 1902, ils ont sollicité les bijoux des femmes, pour les céder ensuite contre de l'argent.

Le montant de ces échanges leur a servi à combattre le gouvernement qui les payait Ce sont des *fonctionnaires* qui ne craignent pas de tendre une main pour implorer et de lever l'autre pour frapper.

Les luttes électorales sont pour eux une occasion de recevoir et de recevoir encore.

...« le péril est imminent.. donnez ».

...« la France est en danger... donnez ».

.,.« Nous allons être livrés aux démagogues, aux démons.... donnez, donnez toujours ».

Chez eux, tout se paye.

Pour le baptême c'est un prix, pour le mariage c'en est un autre ; il en est ainsi pour la mort. Il y a des degrés dans leur dévotion : le culte de leur Dieu n'est pas le même pour tous.

Les riches adorent le très-haut dans le chœur de l'église où ils ont fauteuils payés et réservés ; les moins fortunés se placent dans la nef principale et soldent leurs chaises à un prix qui varie suivant les heures et les cérémonies.

Quant aux malheureux, ils restent debout, se placent où ils peuvent : voilà l'égalité chrétienne !

Le riche se marie en grandes pompes et suivant un tarif ; on l'enterre de même.

Le prêtre parle, chante et prie suivant la somme ; se livre à un commerce dont on vante les bénéfices énormes et les risques insignifiants, s'occupe peu de religion et beaucoup d'affaires, profite de sa situation pour faire placer des capitaux dans certaines maisons et toucher des Commissions.

Ses journaux engagent les pratiquants à confier leur argent à des banques plus ou moins sures qui l'indemnisent largement et dont les directeurs disparaissent, en laissant décousits, navrés, les malheureux imbéciles qui avaient eu foi dans la parole de leur confesseur.

L'affaire de la banque Daurignac-Humbert vient encore à l'appui de nos affirmations.

L'Eglise a eu la prétention de dominer en s'appuyant sur l'armée.

Les grands chefs étaient ses créatures, l'état-major : une réunion de jésuites à épaulettes. Depuis que l'armée devient républicaine et semble reprendre contact avec le reste de la nation ; depuis que les nobles conceptions de Hoche semblent entrer dans l'esprit de nos dirigeants, l'Eglise redouble d'efforts, d'intrigues de toutes sortes pour conserver la place ou, tout au moins, retarder l'arrivée des officiers républicains.

Mille embûches sont semées sous leurs pas, ils sont attaqués, diffamés dans les organes catholiques.

N'importe, l'élan est donné; quoique la pente soit rude à gravir, nos énergies sont assez fortes pour nous permettre d'espérer que bientôt nous en atteindrons la cîme.

Les cléricaux ont été tout puissants pour l'avancement des fonctionnaires. Demeurer avec eux est, et était un gage de réussite dans une carrière quelconque.

Nous espérons que désormais leur protection sera considérée plus comme un mauvais point que comme une bonne note.

Ce sont des individus de leur crû qui fourmillent dans la magistrature et les grandes administrations.

Quand une place devient vacante, à titres égaux, elle doit être offerte au candidat qui a donné au gouvernement de la République le plus de gages de dévoûment.

Les cléricaux sont les ennemis héréditaires de la marche en avant. Le progrès les effraie ; ils comprennent que l'instruction, source de vraie liberté, ouvrira les yeux des plus ignorants et que bientôt tout individu se rendra un compte exact de leurs âncries et de leurs turpitudes.

Voilà pourquoi ils sont royalistes, partisans, irréductibles des régimes d'arbitraire et de bon plaisir.

Parmi leurs amis il est des hommes instruits qui,

non religieux, vivent de la religion. Ils en sont les orateurs, les écrivains attitrés Ils sont dans la presse, dans le parlement, les avocats de la sainte cause. C'est leur métier, leur gloire, leur génie !

Sortis de là, ils ne seraient peut-être rien ils y sont, ils y restent.

D'autres honnêtes, intelligents sont dans leurs rangs parce que bercés dès leur plus tendre enfance de l'air connu : « Je suis Chrétien !..., » élevés par des parents autoritaires, dévôts, ils n'ont pas su secouer le joug. Le courage leur a manqué pour approfondir les origines de leur culte. On leur a enseigné l'épouvante du doute. Suspecter la parole du Seigneur est un crime ; douter du prêtre serait douter de Dieu ! — Dans ces conditions, ils acceptent tout, ils n'osent pas remonter à la source, parce que plus tard, à l'heure suprême, ils seraient embrochés dans la grande rôtissoire de l'enfer !

C'est l'intérêt quand ce n'est pas la peur qui fournit à l'Eglise les trois quarts de ses partisans.

Il nous appartient de lutter contre les uns et d'éclairer les autres.

Il faut dénoncer les privilèges dont ils jouissent, parler des biens immenses entassés à force de ruse et parfois de violences.

Par l'intrigue ils savent se soustraire à l'œuvre de la justice ; ils échappent par des subterfuges aux exigences du fisc.

Le chef d'une famille vient à mourir, les héritiers payent à l'Etat un droit de succession. Si le chef d'une congrégation s'éteint, son successeur prend possession de toutes les valeurs et malgré cela ne fait pas encaisser un centime à l'Etat.

Pourtant il y a bien eu succession puisque c'est un nouveau venu qui administre les biens et touche les revenus. L'Eglise a décidé que les communautés possédaient valeurs et propriétés, que les membres ne disparaissaient pas d'un même coup et que par conséquent aucun droit de succession ne pouvait leur être réclamé. Il s'est trouvé jadis un gouvernement pour accepter et faire prévaloir cette thèse.

Il est temps de revenir sur ces errements ; ceux qui travaillent et souffrent sont taillables à merci, que ceux qui amassent dans l'intrigue et par des manœuvres louches s'exécutent au moins comme les autres.

Ils ont encouragé, soutenu ceux qui ont combattu les lois démocratiques ; ils ont lancé leurs champions dans l'arène pour retarder les réformes attendues par la masse prolétarienne avec tant d'impatience.

Ils n'ont fait des concessions que lorsqu'ils ont vu que le flot allait tout emporter. Leur générosité était feinte, comme dans la nuit du 4 août 1789, où ils n'abandonnèrent leurs privilèges que contraints et forcés par la voix du peuple lassé de tant de servitude.

Le rôle des prêtres ici bas ?! est peu compliqué ; leur métier est le plus simple qui se puisse imaginer ! Nulle fatigue corporelle, quant à l'intellectualité (à part de rares exceptions) elle est telle, qu'il n'y a rien à craindre du côté des méninges.

La douceur de leurs devoirs est exceptionnelle ; ils possèdent de véritables sinécures, émargent au budget de l'Etat et ne font, dans le pays, aucun travail utile.

Ils se laissent vivre, se bâtissent une délicieuse existence en se fiant à la crédulité des badauds dont le nombre ne décroît que trop lentement.

Ils sont les charlatans intermédiaires entre les simples et un tout-puissant imaginaire qui permet que des villes disparaissent, que des hommes se dévorent entre eux et que la moitié de l'humanité souhaite l'anéantissement de l'autre.

Le prêtre demande des faveurs, dit des prières, moyennant finances, pour chasser les insectes, amener la pluie, le soleil etc...

Le paysan naïf qui se prosterne pour obtenir cette protection devrait se rendre compte que la pluie qu'il réclame pour son coteau, sera nuisible peut-être à son camarade de la plaine. Mais le prêtre promet tout si la bourse est garnie et il n'est pas gêné le moins du monde pour demander en même temps le beau temps pour l'un, l'humidité pour l'autre.

Je ne juge pas des individualités, j'affirme et j'ai prouvé qu'elles représentaient des idées mauvaises.

Il existe des prêtres charitables. Dans la vie civile, en ne se bornant pas à une catégorie d'individus, ils auraient soulagé plus de misères, conseillé dans un nombre plus considérable de taudis le courage et la persévérance au lieu d'y enseigner la résignation.

Ils devraient songer en même temps qu'à la charité : **à la Solidarité**!

VI

Les catholiques couvrent notre pays de journaux, de brochures. Ils se réunissent, s'organisent, soutenus par l'argent des gâteux et des bigotes.

Récemment était répandue dans la France une publication dont le titre est édifiant : « **Organisation électorale catholique** ».

Les capitaux ne manquent pas à cette œuvre car, le livre assez épais n'est vendu que quinze centimes avec forte remise par quantités ! C'est de la bonne propagande. Le Comité d'action est composé d'officiers supérieurs, de magistrats, d'un ancien Sous-secrétaire d'Etat. Il déclare : « qu'il ne s'occupe pas « des opinions *politiques* ! économiques, scientifi-« ques, littéraires ou artistiques des adhérents ; il « ne désire l'union que pour la défense des intérêts « catholiques. Au premier tour de scrutin, l'élec-« teur pourra, à la rigueur, voter pour l'homme « de ses préférences, mais, au second tour, il ne « devra songer qu'au candidat catholique ! »

Voilà comme quoi, le Comité d'action ne s'occupe pas des opinions *politiques* des membres de l'association.

. Plus loin, je résume : «... Cent conférences ont
« ont été faites avec un énorme succès, elles étai-nt
« publiques sauf.... pour les adversaires déclarés
« et irréductibles. «

Quel amusant aveu ! Je m'explique le succès
devant une salle où ne sont admis que de chauds
partisans de la cause évangélique.

Les réunions étaient publiques mais... il fallait
montrer patte blanche, exhiber des recommanda-
tions.

Plus loin encore · « Si nous voulons réussir, il
« faut faire respecter le catholicisme et l'on ne
« s'incline maintenant que devant la franchise, le
« courage et la *force*! »

Donc, pour faire respecter une croyance qui lentement, trop lentement, tend à disparaître ils vont
employer la force. Ils ne se gênent pas; ils y pen-
sent, ils l'écrivent !

Au début de l'ouvrage, le comité déclare · « que
« l'action doit être laïque; que le prêtre du haut
« de sa chaire doit encourager simplement les élec-
« teurs à n'accorder leurs voix qu'aux candidats
« catholiques, il ne doit pas autrement se mêler à
« la lutte des partis. »

A la fin, les charmants discoureurs laissent per-
cer le bout de l'oreille.

S'appuyant sur les avis de M. Freppel, de M.
Parisis évêque de Langres, ils engagent les curés à
faire œuvre active : « C'est la chambre qui fait les
« lois, c'est l'opinion qui forme la chambre, donc il
« appartient au clergé d'éclairer l'opinion. »

C'est l'invitation à descendre dans la rue, nous y attendons les frocards.

Je suis partisan des réunions, des conférences pour le progrès de la Libre-pensée comme ils en sont partisans pour sauvegarder les vestiges d'un culte qui s'éteint.

Nous n'avons pas comme les ensoutanés, l'habitude de la parole. N'importe, nos vérités sont assez frappantes, leurs doctrines assez ébréchées, assez absurdes, pour que nous puissions aborder le domaine de la discussion publique. Je ne partage pas l'opinion de M. Henry Bérenger qui trouve inutiles les conférences contradictoires. Je vois là un moyen de propagande efficace, à la condition de ne pas faire de concessions comme en fit Fournière à l'abbé Garnier et de ne pas imputer à l'esprit de l'époque les crimes qui sont l'œuvre personnelle de l'Eglise.

J'avais fait dans ce sens une proposition a un prêtre d'une localité provençale L'abbé me paraissait avoir le tempérament assez vif et j'espérais une réponse favorable.

Ses supérieurs consultés n'accordèrent pas l'autorisation à cause des difficultés des temps présents !

Ils attendent des jours meilleurs et se lanceront dans la bataille au moment où le succès sera certain, en s'acharnant sur un adversaire inhabile ou peu préparé.

Travaillons, instruisons nous ! Nous voulons triompher, nous triompherons en répandant, en imposant des idées saines, en examinant tout principe, en nous basant sur des réalités et non sur des hypothèses.

La religion catholique veut être *religion dominante*. Qui dit domination dit oppression et bien, nos aïeux n'ont pas dépensé leurs forces, versé leur sang pour établir un régime d'arbitraire mais une ère nouvelle de justice et de liberté.

Combien dans la bande noire se sont convaincus du néant de leurs doctrines ! Combien ont jeté le froc aux orties ! Combien ont eu le sublime courage, malgré les prières, les menaces, de rentrer dans la vie civile et de contribuer par leur connaissance plus approfondie des inanités religieuses à l'éducation des esprits avides de science et de lumière !

Gloire à ces vaillants, car il faut avoir l'âme haute pour rompre ouvertement avec ce passé d'hypocrisie et de ténébreuses machinations.

Ils ont tracé la voie à ceux qui, n'ayant rien à abandonner, avaient la tâche plus facile et gardaient cependant le silence.

Instruisons-nous à leur parole, travaillons à leur côté et répandons dans la masse un peu de cette flamme dont ils ont illuminé nos cerveaux.

Que sont nos adversaires ? que sommes-nous ? Ils sont la dissimulation, nous sommes la vérité ; ils sont la haine, nous sommes la pitié ; ils sont le passé aux souvenirs infamants, nous sommes l'avenir rayonnant de justice et de pardon.

Ils n'ont même pas suivi les préceptes de leur dieu : « Soyez pauvres, mes disciples, leur disait-il, donnez autour de vous, ne gardez que le nécessaire, secourez les malheureux ».

Au lieu de cela que font-ils ?

Ils s'enrichissent, ils gonflent leurs poches et leurs ventres ; ils amassent ces incommensurables richesses qui ne leur servent qu'à enrayer la marche du progrès et de l'humanité.

Citoyens, il faut combattre chaque jour, sans trève, recruter des adhérents, leur faire comprendre que tout ce qui est élevé est honni par l'Eglise, que le beau l'épouvante et la choque et que les grands génies ont été niés par ses prêtres. Il faut faire saisir ses contradictions, rappeler Jeanne Darc brûlée vive avec la complicité d'un évêque français qui s'appelait Cochon et, comble de l'impudence, ses successeurs réclamant la pauvre pucelle pour la canoniser.

C'est Galilée, une des gloires de la physique et des mathématiques poursuivi par les scolastiques et la séquelle romaine pour avoir osé affirmer que la terre était ronde et tournait autour du soleil.

En 1633 à l'âge de 70 ans il fut contraint de renoncer à ses doctrines pour échapper au châtiment.

« E pur si muove ! » s'écria-t-il, et cependant elle tourne ! »,

Il mourut aveugle au bout de 9 ans et, pas un seul instant, l'Inquisition ne se lassa de le surveiller étroitement.

Voilà ce que l'Eglise fait des penseurs ! Voilà comment elle traite les savants.

Débarrassons-nous des préjugés ! Préparons le

terrain, mes amis, semons partout la bonne parole, afin qu'un jour dans les sillons que nous aurons tracés, nous puissions voir germer plus haute, gigantesque et féconde la fleur de la Libre-Pensée !

A.-H. MALOT.

272